CHEZ DANTAN

PAR

EUGENE GUINOT.

CHEZ DANTAN.

S'il est un très grand nombre d'artistes que l'ingratitude de leur profession, les rigueurs de la médiocrité ou les difficultés du début relèguent aux mansardes, dans un étroit logis, en revanche, les princes de l'art se distinguent par la brillante et pittoresque élégance de leur habitation. Quelques-unes de ces demeures sont extrêmement remarquables, sinon par leur luxe, du moins par les objets rares, les curiosités de tout genre et les collections précieuses qu'elles renferment. Dans les diverses conditions que leur fait la fortune, les artistes ont presque toujours une façon particulière de décorer leur établissement, si haut perché qu'il soit, et ils sont toujours, au même prix et dans les mêmes sphères, mieux logés que leurs égaux des autres classes de la société. La mansarde d'un rapin est bien supérieure à la mansarde d'un clerc d'huissier ou d'un commis marchand, et l'appartement d'un peintre du second ordre l'emporte de beaucoup sur celui d'un notaire et d'un chef de division. Cet avantage se maintient jusque dans les plus hautes régions ; l'artiste éminent efface le financier millionnaire et le grand seigneur fastueux, dont le luxe ne parle qu'aux yeux, et qui ne peuvent déployer dans leurs plus grandes prodigalités que de banales splendeurs, limitées aux ressources et au genie des tapissiers, et connues d'avance par tous ceux qui ont visité une foire, l'exposition des produits de l'industrie ou le palais d'un prince. Chez l'artiste il y a ce qui ne s'acquiert à aucun prix, ce que ne donnent ni le rang ni la richesse, — il y a la fantaisie, l'originalité, l'œuvre inédite, l'arrangement imprévu, la magnificence poétique, le reflet d'une individualité puissante et radieuse.

Voulez-vous en juger ? — Venez rue Saint-Lazare. Nous entrons dans la cité d'Orléans ; sous la première voûte, à gauche, nous franchissons un escalier d'une vingtaine de marches, large et un peu sombre, — un coup de sonnette, une porte qui s'ouvre, et nous voici chez Dantan.

Dès le premier pas et dès le premier coup-d'œil, votre attention est saisie, et vous comprenez que vous n'êtes plus ici dans le pays des choses vulgaires. Le petit salon d'attente où vous pénétrez d'abord est meublé dans un goût tout à fait artistique. Il y a déjà là bien des détails qui mériteraient d'être examinés avec intérêt ; mais on ne nous laisse pas le plaisir de faire antichambre, et, sans nous arrêter, nous entrons dans l'atelier du maître.

Les grands artistes sont accessibles comme de simples mortels. Une hospitalité facile et charmante règne sans cesse dans leur demeure. Ils sont toujours visibles pour les cliens qui viennent solliciter leur talent, pour les curieux qui viennent admirer leurs œuvres, pour les amateurs qui viennent couvrir leurs tableaux de billets de banque ou acheter leur marbre au poids de l'or.

Dantan accueille les visiteurs avec une politesse cordiale, les salue sans quitter l'ébauchoir, et il se remet à l'œuvre, qu'il continue en causant. Vous pouvez le considérer tout à votre aise sans que l'examen le gêne et sans qu'il s'en aperçoive, car si son esprit et sa parole sont avec vous, ses regards sont tout entiers au travail qui les absorbe.

Le célèbre statuaire est dans la maturité encore fleurie de l'âge, sa taille est petite, sa tête bien faite, son visage expressif, l'œil pénétrant et fin, le front vaste, le sourire caustique et gracieux à la fois. Il porte habituellement pour costume de travail une longue robe de chambre turque à dessins de cachemire, et sur la tête, dans le sans-façon de l'atelier, un petit bonnet grec en velours.

En le voyant aussi jeune encore, — car c'est à peine s'il paraît être aux premiers jours de son été, — on ne peut comprendre qu'il ait eu le temps de produire cette immense quantité d'œuvres sérieuses et piquantes qui lui ont fait une si juste et si grande renommée.

Voici d'abord, dans l'atelier où nous sommes entrés, six rayons contenant environ quatre cents petits bustes en plâtre, tous d'une ressemblance parfaite. C'est une galerie d'écrivains, de savans et d'artistes contemporains ; poètes, académiciens, auteurs dramatiques, avocats, médecins, acteurs, peintres, pianistes, compositeurs, tous sont là, tous les personnages connus de l'époque, toutes les illustrations, et à peu d'exceptions près tout ce qui, depuis une vingtaine d'années, s'est fait un nom de quelque valeur. Vous trouverez chez Dantan, et de la main de Dantan, ce curieux musée, cette collection sans pareille que nul autre siècle n'a possédée, et que nul autre pays ne possède. Dantan a suffi à cette besogne qu'il a faite en se jouant et pour se délasser de ses travaux plus larges, — car ceci n'est qu'une petite portion de l'œuvre considérable du maître.

Vous plaît-il de voir la comédie de notre temps dans ses plus piquantes allures, et tous les personnages saillans de ce siècle présentés sous une forme ingénieusement grotesque ? — Passons dans le second atelier de Dantan, car Dantan a deux ateliers, l'un sérieux, l'autre plaisant, l'un consacré aux portraits, l'autre réservé aux charges bouffonnes qui ont été son passeport à la popularité.

L'atelier des portraits est à gauche du petit salon d'entrée, la salle des caricatures est à droite. Ici, nouvelle surprise pour le visiteur ; les bustes, les statues, les figurines, sont entassés dans cette vaste salle avec une incroyable profusion. C'est un peuple innombrable, c'est un monde tout entier : — le monde des célébrités contemporaines représentées sous l'aspect le plus drôlatique ; chaque figure faisant sa grimace la plus étrange, chaque trait du visage se développant dans son exagération la plus biscornue. Il n'est pas une seule de ces charges qui, au temps de sa première apparition, n'ait fait émeute à l'étalage de Susse, alors situé dans le passage des Panoramas.

Il faudrait plusieurs jours pour visiter en détail ce musée grotesque et plusieurs volumes pour le décrire. Beaucoup de ces caricatures sont devenues très rares ; la plupart sont retirées du commerce ; quelques-unes n'ont jamais été mises en vente, et parmi ces dernières on remarquera la fameuse charge de M. Véron, représenté avec tous ses attributs, sous la double forme d'un clerc d'apothicaire et d'un directeur de l'Opéra.

Cette charge de M. Véron est tout un poème à la façon de Boileau le satirique, et même avec quelques traits plus vifs et dignes de Juvénal.

Un coin de la salle comique est occupé par les charges anglaises, un banc à la chambre des lords, une loge d'avant-scène à l'Opéra de Londres, et tous les personnages de la haute aristocratie britannique représentés dans leur désinvolture la plus familière. Au milieu de cette multitude de caricatures, se dressent quelques bustes sérieux, quelques graves figures, qui font mieux ressortir encore le piquant de l'ensemble.

En passant en revue le peuple sérieux et comique créé par l'habile et spirituel artiste, vous rencontrerez un grand nombre de gens du monde. Le ciseau et l'ébauchoir de Dantan ne sont pas exclusivement voués aux célébrités artistiques et littéraires ; l'aristocratie du rang, de la naissance, de la fortune, brillent aussi dans la collection. Il y a l'étagère des comtes, des duchesses, des marquis et des baronnes. Les salons du faubourg Saint-Germain, du faubourg Saint-Honoré, ont de nombreux représentans. Vous pouvez saluer M. le prince de Chimay, M. le comte de Dampierre, Mme la marquise de Turgoi, M. le duc d'Escligaac, Mme la baronne Schickler, M. le comte de Rességuier, M. le comte Demidoff et cent autres de même qualité. Les plus grands personnages sont venus poser dans l'atelier de Dantan. M. le prince de Talleyrand a donné trois séances à l'éminent artiste, et dernièrement encore le prince Maximilien de Bavière y venait tous les matins poser pour son portrait et pour sa charge. Ce prince, admirateur passionné du célèbre statuaire, est, avec l'auteur, le seul qui possède l'œuvre tout entier de Dantan, la collection complète de tout ce qu'a produit ce fécond créateur.

Nous avons vu à Munich, au palais du prince Maximilien, cette riche et vaste collection, ornant une immense galerie qui contient une salle de billard, une salle de concerts et une salle de spectacle.

Quand vous avez passé une heure ou deux à rire dans la salle des caricatures, Dantan vous invite à vous reposer dans sa chambre à coucher. Ici la décoration change; le marbre et le plâtre s'effacent; les lambris sont tapissés du haut en bas de peintures chinoises, de tableaux de maîtres anciens et modernes. Une tête de Rubens regarde paître des moutons de Brascassat. Au fond de l'alcôve, une charmante dormeuse de Vien est couchée dans son cadre ovale. Devant une glace, se mire mademoiselle Joly, soubrette du Théâtre-Français, peinte par David. Dantan léguera ce portrait aux sociétaires de la Comédie Française pour le placer dans leur foyer ;— mais nous espérons qu'il n'y aura pas lieu de délivrer le legs avant une cinquantaine d'années d'ici.

Les tableaux précieux et les curiosités artistiques, réunis en très grand nombre dans cette chambre, demanderaient un long examen; mais on ne peut pas tout voir en une seule visite, et il faut se résigner à négliger le détail de ces richesses.

Pour aller de la chambre au salon, vous traversez l'atelier où nous sommes entrés d'abord, celui où Dantan travaille habituellement. Ses trois derniers ouvrages sont là, encore en main : —c'est le buste gracieux et charmant d'une jeune dame, Mme Henri Scrive, femme d'un des principaux manufacturiers de Lille; puis deux têtes d'artistes, M. Altès, flûte de l'Opéra, une des étoiles de ce brillant orchestre; — et enfin Musard, l'empereur du quadrille, de la valse et du galop, le grand homme qui ne reconnaît dans les temps modernes qu'une seule célébrité égale à la sienne. Vestris, plus accommodant, en reconnaissait deux; il disait : — Nous sommes trois, Voltaire, le roi Frédéric de Prusse et moi. Musard pense que deux hommes peuvent résumer la première moitié du dix-neuvième siècle : Napoléon-le-Grand et Musard.

L'abondance des richesses et la multiplicité toujours croissante de ses œuvres obligèrent, il y a quelque temps, l'artiste à élargir sa demeure, et il joignit à son appartement l'appartement que quittait un autre artiste illustre, le pianiste Chopin, qui désertait la cité d'Orléans pour s'en aller mourir place Vendôme, à la fleur de l'âge, consumé par le feu sacré de l'art et par les ardeurs passionnées d'une âme insatiable de tendres émotions.

Une lionne est couchée devant la cheminée du salon et vous regarde de ses yeux d'émail. C'est un souvenir d'Afrique. Après avoir taillé dans le marbre les traits du vainqueur d'Isly et de quelques-uns de ses lieutenans, Dantan fit le buste de Gérard, le tueur de lions, et Gérard lui donna en retour une lionne que sa carabine avait abattue. Chacun son œuvre. En face de la lionne est pendu au plafond un charmant crocodile, souvenir d'Egypte, où Dantan avait été appelé par l'ancien vice-roi, Méhémet-Ali. Il y a là encore un échange de procédés.

Dantan avait fait le buste de Clot-Bey, et Clot Bey empailla pour lui le crocodile qui avait été pris dans le vieux Nil, en présence de l'artiste. On sait que Clot-Bey a fait sa fortune dans la pratique de la chirurgie. Il avait commencé par être perruquier à Marseille, sa ville natale. Après avoir quitté le rasoir pour la lancette, pénétré de cette vérité que nul n'est prophète en son pays, il pensa qu'il aurait meilleure chance de le devenir en se rapprochant de la patrie de Mahomet. — La fortune accueillit sa recherche et récompensa son mérite.

Dantan aurait pu devenir bey comme le docteur Clot ou pacha comme le colonel Séve, s'il avait voulu se fixer en Egypte, et il eut quelque peine à quitter ces contrées, retenu qu'il était par les instances du vice-roi et par les sollicitations des grands dignitaires du pays qui voulaient tous avoir leur image ciselée de sa main. Il revint d'Egypte comblé de présens ; il en a rapporté la magnifique panoplie d'armes rares et splendides qui s'étale sur un des panneaux de son salon, des casques, des flèches, des boucliers, des sabres de Damas à poignées étincelantes, des pistolets et des fusils incrustés d'ivoire, d'argent et d'or.

Si vous êtes mélomane, Dantan retirera du coffret qui le renferme et ouvrira pour vous sur la table du salon un précieux album musical dont chaque page contient un morceau inédit et autographe d'un compositeur contemporain. Tous les maîtres de la mélodie, Rossini, Meyerbeer, Listz, Mme Malibran, Bellini, Donizetti, Carafa, Auber, Halévy, Félicien David, Adam, ont écrit pour Dantan ce livre magique.

Ne devaient-ils pas bien tous ce tribut à l'artiste dont le ciseau a immortalisé leurs traits? — Quelques-uns des meilleurs ouvrages de Dantan figurent dans son salon, et entre autres le buste de Mme Rose Chéri, qui est son chef-d'œuvre. Mais aussi quel ravissant modèle que le doux et intelligent visage de la charmante actrice du Gymnase! — Parmi les autres maîtres qui ornent ce salon, les amateurs remarquent les bustes de Thalberg, de Fanny Kemble, la tragédienne anglaise, et de Mme la baronne Hélène de V..., née de Thélusson.

On y remarque aussi un très beau portrait de Dantan par Pérignon, l'excellent peintre qui a si heureusement reproduit sur la toile le noble et gracieux visage de Henri de France. Le peintre faisait le portrait du statuaire pendant que le statuaire faisait le buste du peintre. Dantan et Pérignon avaient établi cette condition entre eux, que ni l'un ni l'autre ne poserait. Chacun devait travailler de mémoire, et l'un et l'autre ont exécuté de la sorte une image de la plus exquise ressemblance.

L'habile sculpteur travaille souvent ainsi, sous la dictée du souvenir. Quand les circonstances l'exigent, il entreprend bravement cette tâche difficile. Plusieurs de ses ouvrages, et des meilleurs, ont été exécutés en l'absence du modèle; — et voici à ce sujet une touchante anecdote qui gagnerait beaucoup à être écrite par l'auteur lui-même, de qui nous la tenons.

Un matin, Dantan venait d'entrer dans son atelier, où il était seul; on lui annonça M. le vicomte d'Anglade.

Un jeune homme de vingt-cinq ans, dont les traits distingués portaient l'empreinte d'une profonde tristesse, se présenta et lui dit:

— Monsieur, j'ai une sœur au lit de mort, et je viens vous demander de faire son buste. Nous avons d'elle un portrait qui pourra vous aider; mais, pour que votre œuvre soit aussi parfaite que nous le désirons, il vous faudrait voir la malade, n'est-ce pas?

— Oui, sans doute, répondit l'artiste; aucune peinture, si exacte qu'elle soit, ne vaudrait une séance où il me serait permis d'étudier ses traits, d'observer l'expression de sa physionomie et de graver son image dans mon esprit.

— Mais vous amener auprès d'elle et lui demander de poser pour son buste dans un pareil moment, ce serait lui révéler son état et lui apprendre que nous n'avons plus l'espérance de la conserver.

— Aussi ne faut-il lui rien dire ni me faire connaître, et je prendrai ma séance sans qu'elle s'en doute.

Le vicomte et Dantan convinrent de la scène qu'ils devaient jouer.

Le lendemain, le jeune homme, dissimulant son chagrin, entra dans la chambre de la malade, le sourire aux lèvres :

— Chère sœur, lui dit-il, je veux te faire un cadeau pour le premier bal où tu iras fêter ton retour à la santé ; et voici un commis de Fossin qui t'apporte plusieurs parures pour que tu choisisses celle qui te plaira le mieux.

Dantan, — car c'était lui qui jouait le rôle du commis-joaillier,— s'approcha, et une demi-douzaine d'écrins furent étalés sur le lit.

Pendant que la jeune malade examinait les parures, et que son pâle et charmant visage se ranimait passagèrement à leur aspect, le statuaire la contemplait de ce coup-d'œil profond et saisissant qui daguerréotype le modèle dans la mémoire de l'artiste.

Le frère et le commis supposé prolongèrent l'embarras du choix jusqu'à ce qu'un signe de Dantan eût fait comprendre que la séance pouvait être levée.

Les douloureuses prévisions de la famille, et l'arrêt fatal de la science ne tardèrent pas à se réaliser. La jeune malade mourut ; — mais il resta d'elle une image accomplie, un marbre vivant.

Un an s'était écoulé depuis cet événement lorsqu'un matin on annonça à Dantan M. le comte d'Anglade.

Un vieillard noble et triste se présenta.

C'était le père du jeune homme qui était venu l'année précédente.

— Monsieur, dit-il, mon fils est au lit de mort, et je viens vous demander son image.

Il fallait une séance à Dantan pour se remettre en mémoire les traits du jeune homme ; mais c'était le plus difficile, car le jeune homme le connaissait.

On chercha le moyen, et on imagina de remanier l'ameublement de la chambre du moribond.

Déguisé en garçon tapissier, la tête et le visage couverts de faux cheveux et d'une fausse barbe, Dantan entra dans cette chambre ;

il s'approcha du lit pour regarder le jeune homme et écouter ses ordres. Le malade ne le reconnut pas, et le docteur Marjolin qui était là et qui la veille avait joué toute la soirée au whist avec lui, ne le reconnut pas non plus.

Déplaçant adroitement une glace, Dantan la posa de manière à ce que le visage du jeune homme s'y reflétât, et que, sans être vu de lui, il pût le considérer longtemps et avec attention.

Le frère mourut aussi, et son buste fut placé à côté de celui de sa sœur.

Pour dissiper la mélancolie que cette histoire fait naître, rentrez dans l'atelier de Dantan.

Trois heures sonnent; le club du domino ouvre sa séance.

Ils sont une vingtaine, les plus forts joueurs de Paris, les érudits et les habiles dans la pratique de ce jeu savant, — qui ont choisi l'atelier de Dantan pour le lieu ordinaire de leurs exercices quotidiens.

Tous les jours, de trois à six heures, la partie s'organise.

Les voici quatre à table : un docteur célèbre, un marquis, ancien pair de France, un journaliste et un physicien prestidigitateur, M. Robert-Houdin.

Le club du domino confond ses séances dans l'atelier de Dantan avec l'académie du calembourg.

Ce sont deux institutions qui marchent de front dans ce séjour. Les mêmes sociétaires pratiquent les deux arts et sont à la fois clubistes et académiciens. Ils posent le double-six et se lancent un jeu de mots, simultanément et avec un égal aplomb.

Dantan est médiocre au domino, mais il est de première force sur le calembourg. Feu le marquis de Bièvre ne lui serait pas venu à la cheville. On trouve seulement parfois qu'il abuse de sa facilité, et quelques personnes s'étonnent de voir qu'un homme, doué comme lui d'un esprit supérieur, tombe dans ce travers des jeux de mots ;—mais pourquoi s'étonner d'une chose aussi logique et qui prouve chez le grand artiste une organisation complète? Comme Dantan, si remarquable dans ses œuvres magistrales, possède le côté plaisant de l'art et nous donne de délicieuses caricatures, de même il excelle dans le calembourg, qui est la charge de l'esprit.

EUGÈNE GUINOT.

Paris. — Imprimerie de Dubuisson, rue Coq-Héron, 5.

PARIS. — IMPRIMERIE DE DUBUISSON, RUE COQ-HÉRON, 5.

www.ingramcontent.com/pod-product-compliance
Lightning Source LLC
LaVergne TN
LVHW021710230826
846092LV00002BA/942

* 9 7 8 2 0 1 9 3 0 1 4 6 0 *